ゲイリー・ジョン・ビショップ　高崎拓哉 訳

Do the

行動を起こしたい人のための

人生を変える
ワークブック

行動を起こしたい人のための
人生を変えるワークブック

はじめに

> あなたという人間を決めるのは、頭の中にあるものじゃない。
> 何をするか、つまりは行動だ。
> ──『あなたはあなたが使っている言葉でできている』P. 115

　私は自己啓発のワークブックや記事、プランがそんなに好きではない。

　嫌いではないし、よく効く人もいるのだろうが、正直言って、私には効果がなかった。そして、あなたがそうしたものを試したうえでこの本を読んでいるのは、私と同じように効かなかったからじゃないかと思う。

　私の場合は、自分の人生のごたごたにうんざりし、やるべきことに集中しきれず、そのうち自分の人生を生きるのをあきらめてしまった。失敗続きの人生。そんな自分にとって、一般的な自己啓発はあまりに軟弱かつ普通すぎて、私の問題の核心には届かないように感じた。だから、手を引いた。

　それでも、まだ希望はある。
　私が大好きなのは、みんなが自分の人生を送るきっかけをつくることだ。
　この本に力を感じ、ダメな自分にサヨナラしてもらいたい。それがこの本を書いた理由だ。

思い込みを捨てよう

　自分の人生を送ろうとするときに問題になるのが、**「もう必要なことはわかっている」という思い込み**だ。ほとんどの人は、少なくともある程度そう思っている。

　人生を変えようとするとき、人は必ず変えるべき事柄を思い浮かべる。

　もっとお金が手に入れば、心配事が減れば、がまん強くなれれば、自信が増せば、人生はすばらしいものに、最低でも今よりマシなものに変わるはずだという思い込みだ。自分には愛情が、行動が、休養が必要だ。

　しかし、いろんなケースを見てきた経験からいえば、うまくいかなくて悩んでいる人は、こんがらがってゆがんだ人生を送っているせいで、頭の中もぐちゃぐちゃになり、正しい答えを見つけるための判断力を失っていることが多い。

　だから、はっきりとこう言えない。

　答えはこれだ！　これが人生を変える切り札だ！

　考えてもみてほしい。

　あなたが全力で自分を変える行動に取り組んだのなら、現時点で望みの人生を送れているはずだ。

　ところが、あなたはそうじゃなくて、この本を読んでいる。つまり、まだ足りないものがある。

　そこで、この本の出番というわけだ。

この本は、私の前作『あなたはあなたが使っている言葉でできている』の系譜に連なるワークブックで、行動を起こすことに重きを置いている。

そして、本書はあなたの考え方を変えるための個人的なワークショップであり、あなたが自分の人生を送るのに必要な、あなただけに意味を持つ本物のリソースだ。

シンプルな質問に答えていくだけで、思考をコントロールでき、行動を起こす力が手に入り、人生をプラスに変えることができる。

だから、本気で取り組めば、進むべき道は見る間にはっきりするはずだ。

変 わ る と き が き た

出発点として、まずはこう考えてほしい。

あなたはいろいろなことを先送りにしながら日々を過ごしている。返信しそびれたメール、疎遠になった友だち、ネガティブな感情、うまくいかない関係、仕事の後悔、乗り越えなくてはいけない無数のあれこれに対する怒りや不安、無力感。

あなたはいつか必ずまた取り組むと胸に誓いながら、ほったらかしにしているものだから、ストレスがたまり、日々を生き延びるのがやっとで、成功や幸せになかなか手が届かない。

最高の自分になるには、人生に立ち向かう能力と心の余裕が欠かせない。

それなのに、こうした小さな心配事があると、それが邪魔になって余裕がほとんど持てなくなる。こうなると、心配事が無

意識という心の奥底の広大な一等地に引っ込むのを待つしかない。しかも、そうした悩みは必ずまた表に出てくる。根本的に解決していないんだから当然だ。

やかんのお湯を沸かしたり冷ましたりするのを繰り返しているようなもので、こういう人は、火が消えているときにしか心が安まらない。火がついているときは、ご愁傷さまといったところだ。

兄妹と口げんかをしたまま仲直りしなければ、必ずまた気になって仕方なくなる。クレジットカードの明細も、自動車ローンの申請も、小さいころのひどい思い出も、無為な人生も、元恋人も、体型も、父親や母親、上司、死んだペットのイヌも、一時的に気にならなくなって乗り越えたり、忘れたりできたように思えても、ふとした瞬間に戻ってきて、いつまでも見張っているぞ、と言わんばかりに心を何度もさいなむ。

ワインでも飲んでやり過ごす？　正解のような気もするが、そうじゃない。

本 書 の 目 的

私はほかの人と同じことはやらない主義だから、この本では、私が「都市哲学」と名づけたアプローチにそって別の何かを提示し、あなた自身の謎めいた人生の暗部に分け入る道を示したいと思っている。

もっとも、本を読んで人生を変える絶好のきっかけを得ても、すぐに次のことへ移って忘れてしまったら意味がない。

そこでこの本では、人生をいくつかのシンプルな要素に分けることにした。

前作では、人間が自分自身とネガティブな対話をしていて、それが間違った選択の繰り返しにつながっているということを解説した。そして、そのネガティブな対話から抜け出すシンプルで力強い言葉を7つ紹介した。

この本では、まずあなたという人間の中にダイブし、一番大切な「もの」の根底を目指してもらう。そして、そこにネガティブな対話をやめるためのストッパーを置き、最後になりたい自分になるためのはっきりした道を切り開いてもらう。

パッと指さして、「よし、ここでダメな自分にサヨナラできた」と言える、**人生を大きく変えるきっかけが見つかったら最高だと思わないだろうか?**

私たちはこれから、ゴミために頭から跳び込み、人生のうまくいっていない部分、うまくいかない理由、そしてそれを変えるための逆転の一手を全力で、具体的にあぶり出していく。

この本は誰だってできる、手帳やキッチンに貼りつけて使う人生を変えるための計画表じゃない。

それに、インスピレーションをくれるハンドブックでもない。「目を覚ませ」と自分にはっぱをかける言葉が必要なら、前作の『あなたはあなたが使っている言葉でできている』を開いて好きな章を読んでみてほしい。扱いきれないほどのインスピレーションが手に入るはずだ。

またこの本は、複雑な人生で勝利を手に入れるためのシンプ

ルな戦略の解説書でもない。

　言うまでもないことだが、私は幸せへ至る3ステップを本にしようとは絶対に思わない。なぜって、そのうち2ステップはピザとマティーニで決まりだからだ。

あなただけの答えを見つけよう

　この本では**あなたに、シンプルでたくさんの質問に答えてもらう。**

　これまで同じような質問をたくさんの人に投げかけてきたから、ゆっくり時間をかけて真剣に、全部にしっかり答えれば、人生を変えられるのを知っている。劇的に変わる人も多い。

　質問の目的は、あなたが抑圧しているもの、あるいは小さく丸めて人生という名のバックパックへ放り込み、持ち歩いているうちに重くて仕方なく感じられてきたものを明らかにすることだ。

　重要なのは、答えを本気で考えること。数分間、場合によっては1日か2日、頭を悩ませる必要もあるだろう。

　答えは一言じゃ足りない。必ず具体的で、差し迫った不安を呼び覚ますものでなくちゃいけない。感情という地下世界に潜む何か、つまり、言い訳や理由、説明という水面の奥底に沈んでいる何かでなくちゃならない。

　私の役割は、人生をシンプルにするヒントを提示し、あなたが持っている、あなたの中に眠っているすばらしい何かに力を与えることだ。

　答えは常にあなただけのもの。だから全身全霊で答えを探してほしい。

Do the Work
行 動 を 起 こ し た い 人 の た め の
人 生 を 変 え る ワ ー ク ブ ッ ク
CONTENTS

はじめに

第1章 最初に約束して ほしい2つのルール

第 **2** 章　プロジェクト1
自分と対話する

第 **3** 章　プロジェクト2
人間関係を見つめ直す

第 **4** 章　プロジェクト3
本当の「目的」

第 **5** 章　**7つの課題**

おわりに
― またすぐに会おう

第 1 章

最初に
約束してほしい
2つのルール

人生で問題を抱えがちな
3つのテーマ

この本では、次の3つのテーマに分けて話を進めていく。

①自分
②人間関係
③目的

どれも人生の大切な要素で、人はこうしたことで苦しんだり、悩んだり、行き詰まったりする。

自分を甘やかして解決を先送りにしがちな部分でもあり、油断していると、いつの間にかこれらが勝手に行動をコントロールし、人生のあり方を決めている。

どうかわかってもらいたい。私はあなたのことを知っている。あなたがどういう人間かを知っている。

なぜなら、私もあなたも同じだからだ。年齢や性別、経歴は違っていても、私たちみんなをつなぐ重要な構成要素は共通している。

私たちはみんな人間という存在で、そしてお互いの存在を自分に結びつけて考えると、まるで蓮の花が開くように、人間同士の関係性という謎も解けていく。

要するに、あなたには私がついている。

心から、自分に正直になる

このワークブックを効果的なものにするために、絶対に欠かせない2つのルールがある。

1つめが、**本気で、心から、自分に対して正直になる**ことだ。

ほとんどの人が、自分に正直に生きていると思っているが、実はそうじゃない。自分がウソつきだと思ってほしい。

これは冗談で言っているんじゃない。あなたは自分にウソをついている。ウソをつき、自分を抑え込み、自分以外の誰かのふりをしている。

待って！「ウソなんかついていない！」「自分は正しい」と思い、SNSの世界へ逃げ込む前に、説明を聞いてほしい。

自分のウソに向き合う

あなたはこれまでに、本当は大丈夫じゃないのに、大丈夫だと自分に言い聞かせたことが何回くらいあるだろうか。

「なんでもない。平気さ」

もちろん、なんでもなくなんてない。そうやってあなたは、自分を奮い立たせながら耐えている。

次に、心の奥底ではじゅうぶんやれるとわかっているのに、できないと自分に言ったことは何回くらいあるだろうか。

「もちろんやるよ。だけど今はちょっと……忙しくてさ」

なるほど。今は忙しい……便利な言葉だ。

それから、本当はやる気がないのに、やると言ったことはどのくらいあるだろうか。

「やるつもりだ」

えぇ、神様も「がんばろうとする」人は愛してくれるだろう。

私は何もあなたを怒らせ、言い返させたくてこんなことを言っているんじゃない。

ここまで言うのは、そういうたわごとに正面から向き合ってもらいたいからだ。

そう、あなたはくだらないことを山ほど言っている。山ほど言って自分をだまそうとしている。

そうやって自分の感覚や言い訳の奴隷になり、自分で張った欺瞞やウソのクモの巣に絡め取られている。

本当は自分でもウソをついているとわかっているのに。それでもあなたにとっては、その**バカげたウソが本当になってしまっている**。

ウソばかりの自分とお別れしよう

そうした自分の世界を守ろうと、激しく抵抗する人もいる。ウソを隠そうとするとき、人は最高に怒っているふりをする。

ウソばかりの人生を恥ずかしく思ったり、罪悪感を抱いたり、なんとか忘れようとしたりする人もいるだろう。

そうしたごまかしの連続とは、この本でお別れしよう。

　このワークブックは、あなたが真実と向き合わない限り、読んでも完全なる「時間の無駄」でしかない。

　今は誰も傷つけずに自分に本当のことを言うチャンスなのだ。
　自分自身に正面から向き合えると、安心感と澄みわたった心が手に入る。
　何より最高なのは、この本を読みながら一人でこっそりできる点だ。
　だから、この本では、質問に一つ残らず答えてもらう必要がある。100パーセントの正直さで、一切出し惜しみはせずに、だ。

絶対に約束を守る

2つめは、これからは**約束を守る**ことだ。

あなたがこれまでしてきた約束にはなんの価値もない。

こう言われて腹が立ったかもしれないが、あなたの人生には
しゃくに障ることが数限りなくあるんだから、そのたびに腹を
立てていたらキリがないはず。

もうそろそろ、感情の高ぶりに身を任せるんじゃなく、なぜ
自分がカッとするのかを理解するべきときだ。

さて、あなたの約束がこれほどあてにならないのは、人生を
通じて何度も約束を曲げ、破り、変え、なかったことにしてき
たからだ。

本気で守る気がないのに約束したこともあっただろう。それ
は、約束というよりは善意の意思表示に近い。天気やお金、時
間、気持ち、ムード、状況などによって果たされたり、果たさ
れなかったりするものだ。

そういうことを繰り返すうちに、あなたと、あなたが話す言
葉との関係は希薄になり、中身やパワーが失せていく。

そしてやがて、なんで人生うまくいかないことばかりなんだ
ろうと嘆く羽目になる。いつでも裏口から逃げ出せるよう、約
束をすること自体をできるだけ避ける人もいる。それは、そも
そも約束しなければ、みっともない思いもせずに済むからだ。

「大胆な約束」を自分に課す

あなたは、実際に約束をするときも、確実に守れるラクなものだけにしてきた。そうやってあなたは、居心地のいい安全圏にとどまっている。

はっきり言わせてもらうが、私は常日頃から**自らの分を超えた、人生がめちゃくちゃになる可能性もある「大胆な約束」をする**ようにしている。常に自分の限界を引き上げようとしているのだ。不安だし、イライラするし、つらくて先の見えない思いもするが、最後には充実感が得られて力が湧いてくる。

だから、約束を守らなくてはならない日々を愛している。

「守れない約束はするな」なんていう言葉を耳にすることもあるが、そんなのはくそ食らえだ！

上等だ、かかってこいというぐらいの心づもりで、あなたは大胆な約束をすることを愛さなくてはならない。

自分の中から湧き上がるパワーを感じるには、自分と、口にする言葉とをしっかり結びつけなくてはならない。

過小評価されたり、忘れられたり、有効活用されていなかったりすることも多いが、**約束を守り続ける行為は、人間の何よりのパワーの源だ。**

人生を逆転させるには、約束を守ることを真っ先にはじめる必要がある。

なぜなら、約束はこちらの状況を思いやったりはしない。天

気や、財布の状況や、まわりがどう思うかも気にしない。ただそこにいて、最高の自分になろうよ、とあなたに呼びかける。

約束をイヤがったり、抵抗したり、逃げたくて仕方ないときに、行動を起こそうと誘い、場合によっては求めてくる。

約束はあなたの感情であり、未来であり、過去だ。**今この瞬間から、死ぬまで毎日繰り返さなくてはならない選択**だ。

「約束」がパワーの源になる

大胆な約束を始めることの重要性をよくわかってもらうために、私の考える約束の定義を伝えよう。

●**約束とは、やるべき、もしくは避けるべき具体的な何かを宣言することである**
●**ある人に対する絶対的拘束力を持った宣言でもあり、周囲はこの宣言を通じて、その人に特定の行動を起こす、もしくは起こさないことを期待する、さらには求める権利を得る**

気づいたかもしれないが、この定義には「例外」に関する文言がない。

言い訳や理由（本当かウソかにかかわらず）、あなたが守りたい気分かどうかについても何も書かれていないし、勝算がありそうか、なさそうかも一切書いていない。

今の気分だとか、悲しいムードだとか、あれが足りないとかこれが足りないだとかいったことも書いていない。あなたが置かれている特殊な状況や、まわりの「できっこない」と言う人たちが足を引っ張っているなんてことは一言も記載されていない。

自分のこれまでを振り返ってみれば、**人生の失敗は、必ず約束を守れなかったこととつながっている**のがわかるはずだ。

　何かをすると決めてはみたものの、途中で乗り越えられなさそうな出来事や状況に出くわして停滞し、「もうじゅうぶん」と言って、やめにしてしまったこともあるだろう。

　方針転換をしたい誘惑にあらがえなくなったり、やめる正当性をほかの人にアピールしたりしたこともあったはずだ。

　問題は、そんなふうに約束を破るのは本当の自分じゃないと自分自身をだますことだ。そうやって被害者面をする人が非常に多い。

　大事なのはあなた自身と、あなたがする約束だ。ほかはすべて雑音だ。

　この本を通じて、そのことを理解できれば、もう誰もあなたを止められない。

あ な た な ら で き る

　人生を変えるには、自分と約束との関係性を変えることが絶対に不可欠だ。

　大胆で、はつらつとした約束の世界に身をさらせば、人生はまるで羽根が生えたみたいに飛躍をはじめる。逆に、約束から逃げ隠れしていたら、今までと何も変わらない。それだけのシンプルで、はっきりしたことだ。

　そして、約束こそが、この本で取り組んでいくことになる。各章で、あなたは具体的な言葉で、現実的な目標を伴った約束

をし、それによって人生の捉え方がどう変わったかを確かめていくだろう。

こういう考え方をする人がほとんどいないのはわかっている。目の前の問題の複雑さやそれぞれの状況、ハードルの高さ、特別さについて話したい人が多いのもわかっている。

しかし、目が見えなくてもエベレスト山登頂を心に誓い、その目標達成を阻もうとするあらゆる障害に立ち向かおうとする人がいるんだから、あなただって**どんな障害がいくつ立ち塞がろうと、やってやれないことはないはず**だ。

最 後 に 大 切 な こ と

この本は、最初から順番に読み進めていってほしい。「この部分はできているから、読まなくてもいいや」と思っても、飛ばさずに読んでほしい。

できていると思っていた部分が、実は全然できていなくてびっくりすることだってある。また、必要だと思ったなら何日、何週間、何ヵ月、何年かけてもいいので、同じ箇所を何回も読み返してほしい。

この本のシンプルな方法論は時代や状況を問わないし、ものすごく効果的だ。『あなたはあなたが使っている言葉でできている』も持っておくと、この本のとりわけ難しい課題を攻略するのに役立つだろう。そうそう、ボールペンも忘れずに。

そして同じくらい**忘れてはならないのが、自分に対して心から正直になること、そして約束をしっかり守ること**だ。

第 **2** 章

PROJECT1
自 分 と 対 話 す る

心のあり方が 今のあなたの人生を決めている

> 人生のあり方は、状況や事情ではなく、自分との対話の仕方によって決まってくる。
> ──『あなたはあなたが使っている言葉でできている』P. 22

もしもあなたが、自分に自信がなかったり、いつもむしゃくしゃしていたり、自分や他人のミスに甘かったり、逆に冷たすぎたり、誰かに頼りきりだったり無関心だったり、誤解されがちだったり、つらくあたりすぎたり、誰にも愛されなかったりする人なら……あなたは一人じゃない。

人は誰しも、自分ではどうにもできないように思える側面を持っている。そうした性格上の弱みや欠点を隠しているように見えても、ほかの人にはバレバレなものだ。

こうした、**抑圧した感情や悪い癖には、誰もが悩んでいる。**

私たちはみんな、多少なりともこうした暗部を持ち合わせている。

欠点があるとわかっているから、混乱に巻き込まれたり、悲しい思いをしたりしないようにと、欠点を隠すことを軸に人生を送るのだ。ほかにどうしようもなくて、本来は立ち向かったり、受け入れるべき部分を避け、抑え込むことを人生の中心にしてしまう。

たとえば、自分に自信がないように見える人、あるいは周囲

に溶け込めない自分を感じている人は、電話を取ることさえできない場合がある。

人との交流が不安で、心を開けないからだ。

そうした不安感や疎外感は、ことあるごとに襲ってくる。

特に理由もないのに、「直観」で電話に出ないこともある。こういう人は、留守電を残しても反応がなく、メールでしか連絡できなかったり、ある日いきなり音信不通になったりする。

「いい返事をする自信がない」「自分は内向的な人間なんだから、期待しないでよ」というのが彼らの言い分だ。

こうしたイヤな部分は次第に膨れあがり、人を孤独にする。

もちろん、これはただの一例にすぎないが、こうしたよくある「自信のなさ」は、付き合いはじめた恋人との関係を破綻させたり、輝かしいクリエイティブなアイデアを台無しにしたりする。軽やかに踊りたいのに、脚にまとわりついて離れない泥のようなものだ。

逆に、周囲に対して甘かったり、優しすぎたりして、先ほどとはまったく別の理由で他人との交流を避ける人もいる。

こういう人はたいてい、いつもまわりに利用されているのを察しているが、イヤなことや人に抵抗し、突っぱねられない。

ただ笑うか、どうでもいいことを言うかして、当たり障りのない話題に話をそらすが、そのあいだにも腹の底では小さな火山が噴火している。

被害者意識から目を背けない

　こうした問題の解決策として、人と触れ合う機会を減らす、あるいは自分にふたをしている人もいるだろう。

　これは、感情の"絞首台"だ。このやり方には、いつの間にか被害者面をしやすくなる副作用がある。

　不愉快な状況が迫るたびに心の中で人のせいにして、無意識のうちに恨みつらみをため込んでしまう。

　本当は自分の力でその問題を解決しなくちゃならないのに、相手が変わらなきゃいけないというような考え方をする。

　しかし本当は、やたら強引な人に出会ったら、避けるんじゃなくて向き合わないといけない。

　不愉快だと素直に口に出せという意味じゃない。そのやり方だと、逆の意味で悲惨な結果になる。

　私たちのような「自分は頭が悪い」と感じていたり、頭脳も才能もないと思っていたりする人間は、難しすぎるように思えるハードルを避け、複雑な何かを新たに学ぶことを先延ばしにしがちだ。

　重要なスキルや考え方を身につけるのではなく、テレビやSNSにかじりつき、難しい話題や未知の事柄を理解しようともせず、話をすり替える日々。

　私たちは日常にかまけ、生きている実感を味わえる、大切なチャンスをふいにしているのだ。

　ほかにも、多くの人が、好きな人や惹かれている人と親密に

なるのを避けようとする。恐怖や不安から、人間関係でイニシアチブを取れない人も多い。

これは心の奥底で、自分に魅力がない、愛されていない、求められていないと感じている人の行動だ。

だからこそ、愛情や評価をしきりに追い求める。今の不安な立ち位置と、愛の咲き誇る夢の大地とのあいだに大きな溝があるからこそ、力強さや親密さを手に入れたくてたまらない。

繰り返すが、こうした側面は誰でも持っているもので、あなただけが特別というわけじゃない。

そういう自分がいることを誰しもある程度はわかっている。

さらに言えば、今はこうした自分の暗い面に妙な誇りを持っている人もいる時代だ。

彼らは感情を爆発させたり、だらだら過ごしたりする日々を続け、ネガティブな部分を前面に押し出し、増幅させている。

まるで感情のコントロールを放棄し、行動しないことが自分の密かな利益になっているとでも言うかのようだ。

こうした**被害者意識に根ざした「気にしない」ふりをするのは幼稚な欺瞞でしかない。**

あなたは、「思考」じゃない

　こんなふうにして、人は知らず知らずのうちに、自分の弱い部分に人生を操られている。

　無意識の領域だから、人生全体を侵食し、あなたの行動に重大で幅広い影響を及ぼしていることにも気づかない。

　私たちは、何か言い訳を考えて、こうした問題を隠そうとする。たくさん言い訳を考え、本当の問題と向き合わなくていいように、やりたくないことは軒並み避けられるようにと逃げ道を用意する。

　だから、その言い訳こそが本当の問題だと気づかない。

自分を甘やかすことはもうやめよう

　この現象を指すのにぴったりな表現は「自分を甘やかす」だろう。

　私たちは、**物事を先延ばしにしがちな自分を甘やかしている**。自分の怒りや自信のなさ、不安、煮え切らない性格を甘やかし、心の中に「聖なる像」を彫り、像のお告げのとおりにしていれば疑問を抱かずに済む環境の出来上がりだ。

　私たちはこの問題を半ば自覚しながら、変える努力を怠り、問題を抱えたまま日々を送っている。

　そして、仕事から人間関係、情熱の対象まで、人生のあらゆ

る部分を侵される。

　これらは、気味の悪い大ダコの触手のようなものだ。
　ところが、この大ダコの触手は無限に生えてきて、怪物的な
長さがあるから、人生のあらゆる部分に伸びてきて突き刺し、
押し、つつき、締めつける。
　目覚ましのアラームを止める触手に、携帯電話を黙らせる触
手、目を塞ぐ触手、机を引っかきまわす触手。いろいろある。

　しかし、本人には、それらが大元のところでつながっている
とわかっていない。
　性格だから仕方ないと考え、同じ本体から伸びてきているこ
とを見過ごす。
　だけど、この大ダコに名前をつけることで行動する勇気を奮
い起こし、毒を持った触手を切り落とせたら最高だと思わない
だろうか?

行動こそがあなたという人間を表す

　長所も短所も含めて「自分を受け入れよう」とよくいわれ
る。短所が身長のような、どうしようもないように思えるもの
なら、なおさらだ。
　それでも、なんでも先延ばしにしがちな自分のままでいいわ
けじゃない。「自分はそういう人間だから」と、仕事への着手
の遅さや歯医者の予約、友人との計画を棚上げにしたままでい
いわけじゃないのだ。

　かといって、甘やかさないために自分を憎んだり、性格に不

安を抱いたりすればいいのかといえば、それも違う。

　というより、こうした問題の根っこには、実はどれも根源的な不安感がある。自信のなさや愛されていない感覚、先延ばしにしがちな性格は、実は心のどこかで無意識に自分を信じ切れていないせいなのだ。

　そんな自分を変えたいなら、自分を甘やかすのをやめて行動を開始しなくちゃいけない。やるべきだとわかっていることに取り組まなくちゃならない。

　今こそ、こう考えよう。
　自分のイヤな部分を変えられたら、どんな人生を送れるだろうか?
　悪い癖を直せたら、どんな人生が待っているだろうか?

　だらだらと携帯電話をいじり、「自分はしょせんこうだから」とそのままの生活を続けるか、それともやるべきことに取り組むかの決断を迫られたらどうなるか。

　あきらめのような思い込みに、意識的に疑問を投げかける努力をはじめたらどうなるか。

　たくさんの人の前で話す、あるいは初デートに出かけるなどの落ち着かない状況に向き合ったらどうなるか。

　「自信がないからやりたくない」と言って逃げ出すことを自分に許さないようにしたらどうなるか。

自分を甘やかさず、とにかくやってみたらどうなるか。

　古代ギリシャの哲学者エピクテトスは、それをこんなふうにうまく表現している。

> まずは、これから何をするかを自分に対して宣言しなさい。
> それから、そのやるべきことに取り組みなさい。
> 　　　　　　　　　　　　　　　　　　　　——エピクテトス

　至極単純な話で、もっといい仕事に就いてお金を稼ぎたいなら、必要なことを割り出せばいい。
　資格を増やすでも、自分で事業を興すでも、勉強や練習を続けて自分を高めるでもいい。

　それから、実際に着手する。
　「自分は頭が悪いから」とか「合ってないから」といった言い訳で自分を甘やかすのはナシ。
　そうした言葉がどんなに頭を駆け巡ろうとだ。
　あなたはあなたであって、「思考」自身ではないことを忘れないでほしい。

　やるべきことに着手しよう。
　なりたい自分になるためのステップを踏み、どうせこの程度の人間だからと自分を甘やかすのはもうやめよう。

あなたの弱みを知ろう

> 書くなんて大したことじゃない。タイプライターの前に座り、血を流せばいいだけだ。
>
> ——アーネスト・ヘミングウェイ

これは、あなたの頭の中にある言葉を紙に書きつけ、頭をからっぽにするための絶好の機会だ。

書くことで、不満や恐怖など自分にとってあまりに当たり前で、「こういうもんさ」という名の背景に溶け込んでしまったがらくたの数々が現れるだろう。

そうしたものがあるのは構わない。この機会に整理してしまおう。

あなたはどんなふうに自分を甘やかしているだろうか。

見て見ぬふりをしたり、避けたりして、乗り越える作業から逃げている自分のよくない部分はなんだろうか。

その中には、自信のなさのようなごくシンプルなものもあれば、体型や酒癖、先延ばしにしがちな性格、恐怖や怒りといった抑えつけている感情に対する複雑な思いもあるだろう。

本当は溺れかかっているような気分なのに、なんでもないふりをしているものはなんだろうか。

この機会に、正面から取り組むべきなのに、本気で考えてこなかった要素を書き出していこう。

自分の「〇〇すぎる」と思う部分を
少なくとも5個書き出そう。

たとえば、「自分は怠け者すぎる」「感情の起伏が激しすぎる」
「消極的すぎる」「怒りっぽすぎる」等々。たくさんあるなら5
個と言わず好きなだけ、もう出てこなくなるまで書いてほしい。

※表現が違うだけで、実際には同じことを言っているものもあるので注意してほしい。

自分は……

	すぎる
	すぎる
	すぎる
	すぎる
	すぎる
	すぎる
	すぎる
	すぎる
	すぎる
	すぎる
	すぎる

次に、なぜ自分がそうなのか、
理由を考えて書き出してみよう。

ポイントは、自分の気持ちに正直になること。

誰かのせいだと思うなら、正直にそう書くのが自分のためだ。

自分に足りないと思う部分を少なくとも5個書き出そう。

たとえば、「自分には賢さが足りない」「野心が足りない」「自信が足りない」といった具合だ。

※「○○すぎる」の質問と同じで、表現が違うだけで実際には同じことを言っている、あるいは最初のリストの別バージョンになっていることもあるので注意してほしい。

自分には……

<table>
<tr><td></td><td>が足りない</td></tr>
<tr><td></td><td>が足りない</td></tr>
<tr><td></td><td>が足りない</td></tr>
<tr><td></td><td>が足りない</td></tr>
<tr><td></td><td>が足りない</td></tr>
<tr><td></td><td>が足りない</td></tr>
<tr><td></td><td>が足りない</td></tr>
<tr><td></td><td>が足りない</td></tr>
<tr><td></td><td>が足りない</td></tr>
<tr><td></td><td>が足りない</td></tr>
<tr><td></td><td>が足りない</td></tr>
<tr><td></td><td>が足りない</td></tr>
</table>

こちらでも、なぜ自分にそうした要素が
備わっていないかを書き出そう。

正直に書くことを忘れずに。

回答が終わったら、少し時間をかけて全体を見渡し、各側面
が自分にとってどんな意味を持っているか、自分の人生がこれ
までどんなものだったかを考え、**書き出した要素が自分に与え
ているインパクトを追跡しよう。**

各要素が人生に及ぼしている影響をしっかり把握できたと
思ったら、次の質問に進もう。

弱みと感情のつながりを
明らかにする

「〇〇すぎる」と「足りていない」リストを眺めて、
最初に心に湧き上がった感情を書き出そう。

その感情は、どんな形で体に表れただろうか。

たとえば、頭が痛くなる、胃がキリキリする、肩がこるなど。

このように、まず自分の感情を言葉にして体感してみよう。

リストの要素に自らを委ね、それらが呼び覚ます精神的、肉体的な重みを感じよう。

自分自身に関する質問に答え、**リストとして書き出した言葉は、あなたが取り組むべき課題**を表している。

げんなりしたり、ムッとしたりした人もいるだろうが、はっきり言わせてもらう。

ここまで野放しにしてきたのはすべてあなたの責任なのだ。

しかし、これからのあなたは、自分の暗い部分と日々戦っていく。重圧や重荷、トラウマ、鬱屈とした気持ち、フラストレーション、喜びや生きている実感を奪うもの、無力感に立ち向かっていくんだ。

読んでいるうちに、湧き起こった感情があまりに重くて暗く、自分には手に負えないほど圧倒的に感じられて、思わず「クソッ」と言ってしまった人もいるかもしれない。

あるいは、すでに心がマヒしたようになって、ほとんど何も感じなかった人もいるかもしれない。

重荷を背負った人生が当たり前すぎて、何かが乗っかっているのはわかるけど、どんなふうに自分を苦しめているのかはわからない人もいるだろう。

いずれにせよ、ポイントはそこにある。

つまり、ここでようやく、**言葉として、自分が自分をどうやって甘やかしてきたのか、「重荷」の具体的な中身が明らかになった**のだ。

あなた以外に答えを目にする人はいないのだから、本当のことを
正直に書こう。自分を卑下する必要はないが、これは自分自身に
対してオープンになる大きなチャンスだ!

そして、それでもそういう人生を続けている以上、そこには
何か理由があるはずだ。

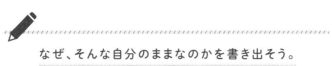

なぜ、そんな自分のままなのかを書き出そう。

自分自身の尊厳を売り渡した理由や、そんな人生を続けながら、
何も手を打たずにいる言い訳を書き出そう。

あなたの人生は、
あなた自身が責任を
持たなければならない

　人はたいてい、変わろうとするよりも、現状維持すべき「理由」をできるだけ保持しようとする。

　「自分は何かを避けるために、こうした生き方をしている」と考えてみよう。その何かとはなんだろうか。

　多くの人が真っ先に思いつくのが、「恐怖」や「痛み」、あるいは何かネガティブな経験という答えだろう。

　しかしそれは違う。全然違う。

　これから少し極端なことを言うので、心して聞いてほしい。

　あなたが避けているのは「フック」だ。あなたは自分をフックにかける、つまり**自分自身や自分の人生に対して責任を持つことから逃げている**。

　私が「責任」について話すときは、すべてこのフックのことを言っていると思ってほしい。

　責任を取るというのは、自分を責めたり、非難したり、代金をきちんと払ったり、速度制限を守って運転したりといった当たり前のことじゃない。

　責任とは、自分を自分の性格や行動とフックでつなげることだ。自分の感情という革のバッグをちゃんと自分で持ち、自分に対して力強く向き合うことだ。

どうか、自分の感じる喜びや自信、愛、心の平穏に対して責任を持ってほしい。

　過去や、つまらない仕事、さびれた町、状況、泣き言ばかりの友人のせいにするのではなく、自分が今こうして生きていることに対して責任を持つことが重要だ。

　「そうはいっても、頭の中はぐちゃぐちゃだし、行き詰まっているし、悲しいし、乗り越えられるとは思わないんだ。幸せはつかみたいけど、自分には無理そうだよ!」と思う人もいるだろう。
　しかし、そうした言葉が出てくるのは、それこそがあなたのダメな部分だと自分で気づいている証拠だ。

　自分のダメな部分をいくら解説したところで戒めは解けない。
　そうやって、なぜ自分が行き詰まっているかを心の中で説明してばかりいるうちに、あなたはその理由を脚色し、飾り立てるようになる。
　そして、理由はいつしか、人生のすべてを捧げる祭壇になってしまう。

　幸せや自信、力強さを備えた自分になろうとするんじゃなく、**これからは、幸せや自信、力強さを、行動を通じてつかみとろう。**
　そう、そういったものと自分自身とをフックでつなげるときがきたのだ!

自分が避けがちなものはなんだろうか。

自分自身から逃げずに、向き合おう。

ダメな自分から脱却する

自分の「〇〇すぎる」と「足りていない」リストを見直して、
改善に取り組む価値が一番ありそうなものはどれだろう。

それを選んで打ち勝つことができたなら、「自分は変われた」と
宣言し、同時にその理由も説明できるものはどれだろうか。

もし改善できたら、具体的に日常生活は
どう変わるだろうか。

あなたのやりたいこと、避けていることにどんな変化が生まれる
だろうか。

改善したことで、人生のほかの部分で
何か道が開けないだろうか。

つまり、改善した部分で自分が生まれ変わるとどんな影響がある
だろうか。真剣に考え、点と点を線でつなごう。

あなたが自分に打ち勝ったことを象徴的に示す、

新しい行動はなんだろうか。

その新しい行動は、あなたが自分の甘えた部分に
勝利したことをどんな形で表すだろうか。

どんな影響や結果を及ぼしただろうか。具体的に考えてみよう。

さあ、行動をはじめよう

前進をはじめたら、絶対に妥協は許されない。

うまくいかないかもしれないという思いが少しでもあるなら、きっとうまくいかない。

ダイエットに挑戦した人なら、何を言いたいかわかるはずだ。

私たちは困ったことに、本当なら意義深いものにできるはずの人生を削ったり、壊したり、縮めたりしながら生きがちだ。

おなじみの怠惰なパターンに引き戻されて道を外れ、以前の自分に逆戻りしたい誘惑に屈することもある。

これを防ぐにはどうすればいいのだろうか。

簡単だ。

お決まりのパターンがどんなものかをしっかり把握しておけばいい。

希望だとか、決意だとか、「今回は違う、本気だ」「今回こそ真剣だ」とかいったたわごとにはなんの意味もない。

肝心なのは、自分に妥協しないこと。

意識すべきは全体像だ。

あなたが生きたい人生はもちろん、つらかったり、飽き飽き

したり、面倒くさくて仕方なくなったりしたときの切り抜け方をたくさん準備しておこう。

　そうした苦しい状況を過去の自分がどう乗り越えたかを思い出し、この先どんな壁が待ち受けているかを予測する。
　それができてはじめて、目の前の道へ踏み出せる。

　人間は後手にまわりがちな生き物だが、今回は前もって対策を用意しておくのだ。
　これならば、安心だろう？

これまで自分の悪い部分を
どう直そうとしてきたかを書き出そう。

どんな失敗のパターンが考えられるかを予想し、なぜそうなるか
を考えよう。

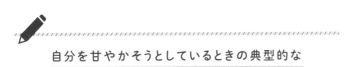

自分を甘やかそうとしているときの典型的な
思考パターンを具体的に書き出そう。

ストッパーを用意しよう

さあ、自分のサボるポイントがわかってきただろうか。

変わりつつある自分に踏みとどまるためのカギとなるのが、甘えが顔を出したときに「やっちゃダメだ」と自分を叱るのではなく、何かを「やろう」と言い聞かせ、自動的にラクなほうへ流れていこうとする自分に歯止めをかけることだ。

オートモードで流されるよりも、**人生をこう進めたいと口にするほうが、リアリティーがあってパワフル**だとは思わないだろうか?

どんどん質問に答えて、新しい自分に出会おう。
今すぐ準備を進めよう。

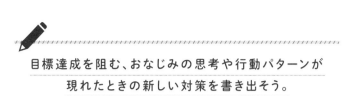

目標達成を阻む、おなじみの思考や行動パターンが
現れたときの新しい対策を書き出そう。

自分に約束しよう

　ここまできたら、次はいよいよ自分自身に約束をする段階だが、その前に、私が第1章で話したことを思い出してほしい。

　約束をするときは、**約束とのあいだに深い関係を築かない限り、何か大きな成果を挙げたり、悪い部分を直したりすることは絶対にできない。**

　だから、自分にとっての約束の意味を考え直そう。
　約束は条項や条件、期限、自分がしそうな言い訳などの具体的な文言を加え、あなた自身の成長をうながす契約でなければならない。

　重要なのは、焦って作業を進めないことだ。
　自分の人生のどうしようもない部分や、その理由がつかみきれていないなら、じっくり時間をかけて敵の正体を明らかにしよう。

　そのために、この章の質問を読み返したり、ここまでやってきたワークをやり直したりするのもいいだろう。
　それから、自分自身への約束を書き出そう。

今ここで、自分と約束をしよう。

私は

（理想の自分を思い描きながら）

になる。

そうなることに責任を持ち、誓約の具体的な証明として、

することを約束する。

そして、以前と同じ行動や過去のパターンに戻りたくて仕方がなくなったときは、代わりに

することを約束する。

この章のワークをこなす中で、自分について
わかったことをまとめてみよう。

第 **3** 章

PROJECT2

人間関係を
見つめ直す

あなたをおとしめる
人間関係は何か？

> 生きていれば、やりたくないことを、苦手な人と一緒に、どうでもいい場所でやらなくてはいけないときもある。
> ──『あなたはあなたが使っている言葉でできている』P. 89

　人は誰しも、人間関係がうまくいっていない相手が1人くらいはいる。いや、自分自身のことじゃない。自分との付き合い方は前の章で見直したはずだ。

　家族やご近所さんとの仲がよくない人もいるだろう。パートナーに以前ほどときめかない人もいるかもしれない。上司が苦手というケースもあるし、姉と数ヵ月、場合によっては数年も口を利いていない人もいるだろう。

　ぎくしゃくしているどころか、吐き気がするほど不愉快な相手もいるかもしれない。相手を言い負かしてやろうと事あるごとに口論をふっかけ、ときには殴り合いのけんかや裁判沙汰にまで発展してしまいそうな相手。

　あなたの中には、相手に関するゴシップや不安、怒りが渦巻いていて、それが心の貴重なスペースを占拠している。

　その人のことを考えただけで、体が怒りや痛み、不満で満たされ、それがごく当然だと思ってしまっている。

　そうした相手から不当に扱われたり、無視されたりして、恨みや悲しみ、喪失感でいっぱいの人もいるだろう。

つまり、あなたは被害者で、気分はまさに最悪だ。

そして、実質的に交流が途絶えた相手もいる。

しばらく顔を合わせていないご近所さんや、まったく音沙汰のない家族は、昔はつながりという貴重な水をたたえていたのに、今は干上がってしまった砂漠のようなものだ。

あなたはその重荷を引きずりながら、なんでもないふりをしてコーヒーをがぶ飲みしてごまかす日々を過ごすが、その実、生きている実感や活力、絆が感じられない。

本当をいうと、なんに対しても心が動かない。

中には、関係が険悪になる決定打のようなことをされた人もいるだろう。

それでもあなたは事を荒立てたくないからと、縁を切るまでには至れず、つま先が壊死してからようやく切断する中世の手術みたいに、関係という名の組織がただれ、死んでいくのを見過ごしている。

「深入りしないのが賢いやり方」とか「時間はどんな傷でも癒やしてくれる」というたわごとを自分に言い聞かせて、罪悪感を薄めている。**誰かと本気でつながる、あるいは誇りを持って、心穏やかに生きるための「関係を断つ努力」を怠っている**のだ。

私たちは、そうやって死んだ人間関係をほったらかしにしたまま生きている。

あなたは人間関係の
結び方を知らない

　人間関係が生活の質に及ぼす影響を考えたことはあるだろうか。

　たいていの人はあるだろう。人間関係で悩みすぎて、心がマヒしたようになっている人もいれば、無視といえるレベルまで見て見ぬふりをしている人もいるだろう。

　いずれにせよ、そうした状態が人生を侵す毒であることに変わりはない。

　こうした関係を「正そう」とする人は多いが、実は、相手に変化を強いて、屈服させることで自分が「求める」姿に相手を押し込めているだけでしかない。

　彼女がこんなに冷たくて自分勝手じゃなかったら、父さんがこんなに高圧的じゃなかったら、彼がこんなに無責任じゃなかったら、妻が文句ばかり言うのをやめてくれたら……。

　そうした「もしも……」があなたにもないだろうか?

　しかし、**他人をつくり変えることで最高の自分になれるという考え方は大間違い**だ。

　このやり方は絶対にうまくいかない。どんなに正しく思えても、他人を変えようとするやり方は間違いなく、うまくいかない。

　もっとも、相手があなたを裏で一生恨むようになることを密かに狙っているなら話は別で、それなら絶対にそのとおりになる。

そうやって私たちは、ほかの人を正したり、変えたりしようと四苦八苦した末、万策尽きて、さじを投げてしまう。

　1つ、2つ、場合によっては5つくらいの死んだ関係を心の奥底に抱え、「そういうものさ」というあきらめの境地で人生を送ることになる。

　そして、多くの人が、人間関係はギャンブルのようなものだと思っている。

　結局のところ、誰だって負ける回数より勝つ回数を多くしたい。最後は、勝者の側に立ちたい。

　しかし、死んだ人間関係をほったらかしにする行為は、負けるほうにコインを積んでいるのと同義で、すでに泥沼にはまっているといっていい。カジノにとっても、いいカモだ。

　恋愛を例に取ってみよう。

　結局はその関係が破綻したとしても、相手にビビッとくる感覚、恋に落ちたときのめまいがするような高揚感には、これまでの失敗に終わった恋愛を忘れさせる力がある。

　だからこそ、人はギャンブラーのように勝ち目の薄い戦いに明け暮れる。その希望こそがあなたの可能性を殺すものだというのに。

　どうして人はこうなんだろう？

　いったいどうして、私たちはこんなに人付き合いが下手なのか。

　答えを教えよう。**あなたは、他人と関係を結ぶ方法を根本的に知らない**からだ。

幼いころの人間関係が、今のあなたを形づくった

　人間関係について、1つだけヒントになるものがあるとすれば、それは幼少期のまわりの人の影響だ。

　自分の人間関係をよく見てみると、子どものころに築いた周囲の大人との関係がモデルになっていることがわかる。

　おばあちゃんやパパ、負けず嫌いの兄貴やオタクの妹、友だち、小学生のときの先生との関係。そうした幼いころの人付き合いが、大人になってからの人間関係の大元になる。

　そして、今の関係にも昔と同じ反応をとってしまう。

　話のわからない上司がいる？

　そのときの関係は、きっと母親や兄弟との関係がモデルになっている。昔のあなたはどんな子どもだっただろうか。かんしゃく持ちの5歳か、はたまた不満たらたらの10代か。

　パートナーが構ってくれないなら、その関係にもモデルがある。モデルは父親や母親かもしれない。当時のあなたは父親や母親をどう思っていただろうか。

　そうした**幼いころの関係に対する原始的な不満や感情のトリガーは、大人になっても生きている。**関係がぎくしゃくするのも無理はない。

大 人 に は 大 人 の 付 き 合 い 方 が あ る

　男性にはみなマザコン、女性にはファザコンの気があるということがよくいわれるが、関係を理解しようという知的な努力のかけらもない薄っぺらな意見だ。

　実際には、**子どものころの人間関係が、今の関係をすべて決定づける**といえるくらい強力なのだ。
　影響されていない人は一人もいない。大人になってからの友情や恋愛、仕事の付き合いは、すべて幼いころのやり方を踏襲している。
　こっけいなことに、ホチキスがどこかへいったり、タオルが湿っていたり、とげとげしい言葉のメールが送られてくるだけで、子どもみたいにかんしゃくを起こす人は実際にいる。
　まさに、くそったれなことだらけの人生だ。

　複雑な感情を抱きながら、大人として人生の、複雑怪奇な問題に挑むことは、ほかのどんな物事とも異なる難題だ。
　もちろん、子どものころにはオリンピック選手のような驚くべき器用さで、怒りを乗り越えられたこともあっただろう。
　ところがあなたは、まるで頑固おやじのように、大人になっても知らず知らずのうちに、そのやり方にしがみついている。

　自分のことだと気づきづらいかもしれないが、ほかの人を見てみれば、人間にはそうしたやり方が染みついていることがよくわかるはずだ。

大人になってからの人間関係がうまくいかないのは、大人としての付き合い方を知らないからだ。

　みんなそうだから自分を責める必要はない。

　誰からも教わっていないから、どうすべきかわからずにいるのだ。

　では、どう直したらいいのだろう。

　人間関係を改善するにはどうすればいいのだろうか。

　まずは、あなたの人間関係とそれにひきずられた感情を整理することからはじめてみよう。

まず、うまくいっていない人間関係を
すべて書き出してリスト化しよう。

大きなものがすぐ頭に浮かぶこともあれば、関係がぎくしゃくしだした何人かの顔を思い出すこともあるはずだ。

では、なぜそうなってしまったのだろうか。

1つ1つ、どんな理由でうまくいかないのかを書き出していこう。

次は検討の段階に入る。そうした関係が、あなたという人間に与えている悪影響はなんだろうか。率直に考えてみよう。

リストを見て、それぞれの関係に
ぴったりだと思う感情を書き出そう。

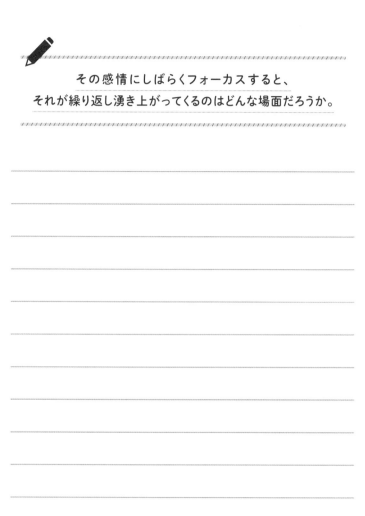

その感情にしばらくフォーカスすると、
それが繰り返し湧き上がってくるのはどんな場面だろうか。

そう感じているとき、あなたがよく取るのは
どんな行動だろうか。

その感情と一番結びつきの強い行動（あるいは取らない行動）を書き
出そう。

その行動は、人生の幅をどう狭め、
成功を阻んできただろうか。

生きている実感や心の平穏を奪っていると感じる
関係を3つ書き出そう。

①

②

③

その中で、修正できたら一番影響が大きそうだと
思うものとその理由はなんだろうか。

※このワークでは、自分自身との関係は含めないこと。

その関係が修正できたら、今は無理に思える

どんなことができるようになるだろうか。

どんな自分になれるだろうか。想像してみよう。

どの関係を修正するか、自分に約束しよう。

自分が修正するのは○○○○（相手の名前）との関係だ。

修正したい関係をいくつも書き出してみよう。

お疲れさま。これから、一緒にその関係を改善していこう！

ありのままを受け入れる

　これから話すのは、人間関係を正すのにとりわけ重要な要素だ。

　それぞれの事情に応じて一部、あるいは全体を微調整する必要もあるかもしれないが、いずれにせよ、ウソをつかず、あとまわしにせず、気にしないふりをせず、すべてにしっかり取り組んでほしい。

　これは自分に向き合うチャンスだ。

　やっているうちにだんだん気分が悪くなったり、胸が痛んだりすることもあるかもしれないが、負けずに、自分に正直になって進めてほしい。

　まずは、相手のことを受け入れること。

　何かを受け入れる行為は、自分主体の行動だ。

　本当の心の平穏と、人としてのつながりを輝かせるため、自分で自分に与える祝福だ。

　深呼吸を一つして、そのままでいい、変わらなくていい、場合によっては触れあうことさえしなくていいと認められる状態を目指さなければいけない。

　要は、**ありのままの相手や状況を許そう**ということだ。

　あなたが「こうあるべき」だと考えている相手の発言や行動、性格と、実際のそれらとのずれへの苛立ちが募ると、関係

はもつれやすい。

　それこそ、自分が受け入れられていない相手の一部だ。

　そう、あなたは相手が「その人自身」でいることをよしとしない人間になってしまっている。

　……勝手に決めつけるなって？

　しかし、**人として相手を受け入れるには、その人本来のあり方を認めなければならない。**

　決めつけや不満といった感情に焼かれてばかりいると、心はどんどん弱っていく。

　私も軽い気持ちで言っているわけじゃない。

　誰かを受け入れるのがどれだけ難しいかは、よくわかっている。

　私自身、イヤなことを母のせいにする日々を続けるうちに、しみったれた人間になり、母と疎遠になり、なかなか本当のことを話せないという罰を受けた。

　母はこうするべきだ、こんなの母じゃないということにばかり頭がいって、本当の母が見えなくなっていた。

　しかし、あることがきっかけで私の視点は変わった。

　母は私をこの世に送り出してくれた人間だ。生きるチャンスをくれた人。一番重要なことを母はしてくれた。それに気づいた。

　あとは自分にかかっている。

受け入れるための努力をする

「だけど育て方ってものがあるだろう?」と思う人もいるだろう。言いたいことはわかる。

　それでも、**親子関係が人生に及ぼす影響を今朝食べたパン程度のものにするか、人生を支配するほど大きなものにするかは、自分次第**だ。どちらを選ぶかで、今後の人生のあり方は大きく変わってくる。

　ここで私の話をしよう。

　最近のなんてこともない火曜の夜、長男がサッカーに興じていた。

　そのときの私は、頭がこんがらがった状態だった。人生のごたごたに対する差し迫った不安、なんとかしないといけない事柄への苛立ちや不満が頭の中に渦巻いていた。心ここにあらず、だった。

　ところがその瞬間、自分の人生が終わろうとしているイメージが脳裏に浮かんだ。

　正確には、今日が人生最後の日かもと思い、呼吸の回数が最後のカウントダウンに入ったように感じた。

　突然、一呼吸一呼吸を大事にするべきだと思えて、一切合切を余さず吸い込みたくなった。

　時間の進みが遅くなったような気がして、急に悲しみが、それから深い静寂が自分の中に満ちるのを感じた。

　私はかすかな夜風に揺れる木々になり、ボールをくれと叫びながら若い日々をはつらつと、勝利だけを求めて生きる息子の

喜びと情熱を体感していた。肺が収縮し、心地よい心臓の鼓動があばら骨に響くのを感じて、それから思い出した。

私は生きている。
私は声に出して言った。
「ありがとう母さん。すべてにありがとう」

そうして努力を重ねた末、私は心の底から、人生で出会ったすべての人をありのままに受け入れられるようになった。

何より、母を受け入れられるようになった。母を認め、無償の愛を注げるようになった。母を母として、いいところだけでなく、すべてを愛せるようになった。

人として受け入れるというのは、相手のありのままの姿を認めるということだ。

第一、**受容という人間として必要最低限の資質すら身につけられなかったら、人間関係がうまくいくはずがない。**

ところが、今のあなたはそれができていない。
だから気合いを入れて、一緒に相手を受け入れる努力をしていこう！

先ほどリストにした苦手な人物の
受け入れたくない部分はどこだろうか。

その「受け入れない」姿勢はあなたと周囲に
どんな影響を与えているだろうか。

その人物をまるごと受け入れるために、あなたが
手放すべき「真実」、つまり見方はなんだろうか。

ありのままのその人を受け入れたことを示すために、
あなたが継続的に取るべき行動はなんだろうか。

ありのままに受け入れたことを示すために、
その人物に言えることはなんだろうか。

その人物を受け入れられるようになるために、
ほかにあきらめなくてはならないものはあるだろうか。

相手を許す

人を許せるかどうかは、心の平穏に直接つながる要素だ。

何かを許せない気持ちを心の中にため込んでいると、それがどんなに小さく些細に思える怒りでも、いつの間にか喜びや満足といった感情が味わえなくなっていく。それを避けるには、許すしかない。

結局、**「許せない」というつまらない思い込みを捨てるしかない**のだ。

許すのは誰でもできる。それを阻んでいるのは、許したくないという自分の気持ちだ。

単純な話で、許す余地は無限にある。ハードルがあるのは、許す意思のほうだ。

今ここで、許すことをしっかり覚えてしまおう。

許すとは、イヤなことをされても黙っていろという意味じゃない。利用されたり、だまされたりしたままでいいわけじゃない。

それに、許したからといって、あなたがその人物より上になるわけじゃない。それも勝手な思い込みだ。

許すには、相手と自分の過去を比べるんじゃなく、**相手の人間性やこれまでの行動そのものを見つめ、人生の道のりや人となり、状況を理解する**必要がある。

許すとは、これまで許せなかった人の人間らしい部分を見つけだし、先入観を持たずに接することだ。

　さらに言うなら、許すとは、あなたや相手がこれまでと同じままでいいという意味でもない。
　してほしいこと、許せないことをはっきり伝えたっていい。
　ひねくれず、恨みや怒りをため込まず、自分らしさを失わず、それでいてありのままの相手を認めることはじゅうぶんできる。

　さあ、許そう。
　そのためのワークも用意した。

自分が許したくないものはなんだろうか。

その許したくない気持ちは、あなた自身やあなたの人生に
どう影響しているだろうか。

受け入れ、許したあとに
「新しい自分」が待っている

　あなたには、対照的な2つの選択肢がある。

　これまでの見方や意見にしがみつく道と、もっと大きなものに手を伸ばす道。

　このとき、その2つがどんな人生につながっているかをしっかり把握することが大切だ。1つは恨みと怒り、不満にまみれた被害者になる人生が、もう1つは自由のあるすばらしい人生が待っている。

　さあ、好きなほうを選んでほしい。

　心の底から誰かを受け入れ、許したあとは、これまでの関係を清算するためにも、新しい視点でその人と自分とを結びつける必要がある。

　この本をきっかけに、いったんこれまでの関係を真っさらにしてみよう。

　そのためにも、新しい何か、もっと力強く生き生きとした関係を自分で築いていってほしい。

相手を受け入れ、許すことができたら、これからは
どんなふうに考え方を変えていきたいだろうか。

勇気を出して踏み出す

　人間関係を改善するのに必要な最後のピースが、この勇気だ。しかし個人的には、これが一番難しいと感じる。

　わかっていると思うが、**本気で人間関係を変えたいなら、自分が変わる必要がある**。違う自分になって、おなじみの環境に別の形で「現れる」必要がある。
　みんなが驚くような発言をしたり、反応を返したりする必要も出てくるだろう。以前より親切で感情表現豊かな、愛情と思いやりにあふれた自分になり、周囲が考える自分像を書き換える必要もある。それは勇気のいることだ。

　そこに立つ勇気に、すべてに立ち向かう勇気、評価され、バカにされ、批判される勇気。
　しかし、そうしたステップを1つ1つ踏むことで、人は別の自分に生まれ変わっていく。

　自分自身と自分の人生を変えたいなら、なんとかして新しい自分をわかってもらう作業に取り組む必要があるのだ。
　未知の何かに直面したとき、人は見知った確かなものを探そうとする。新しいあなたを目にした相手もそうするだろう。
　そういうふうに、たとえすばらしいはずのことであっても皮肉めいた批判を向けるのは仕方ない。だから相手を批判したり、おとしめたりしてはいけない。

ここでも大切なのは、相手を受け入れて許すことだ。

エピクテトスはこう言っている。

「兄弟の私に対する扱いは間違っている」

確かにそうだが、これは相手主体の考え方で、私からすれば、どんな扱いをされようと信念を持って相手に接するだけだ。

それが私のやるべきことで、ほかは気にしても仕方がない。

ほかのことは邪魔される可能性があるが、私がどうすべきかを決めることは誰にも邪魔できない。

—— エピクテトス

他人がどうするかを心配するのはやめて、その関係から何をどう学ぶかに集中しよう。

恋人や友人との関係が全然うまくいかず、完全なる機能不全でお互いのためになっていないなら、その相手から離れよう。

修正不能なら終わらせよう。

すごく大変で、大きな変化をもたらす可能性のある決断なのはわかっているが、残念ながらそれが「人生」というものだ。

ほとんどの人は、幸せをつかむためにがんばるよりも、惨めなままでいるほうを選ぶが、そんな人間になってはいけない。

そんなふうに自分やみんなの尊厳をそっくり売り渡していたら、惨めさは2倍になる。

あなたと同じように、人生をやり直す必要がある人は、まわりにもきっといる。

相手ではなく、自分が変わる

　一方、家族との関係がこじれている場合は、対策を考える必要がある。

　ほかにどうしようもないように思えても、その家族を切り捨てるのは絶対にやめておいたほうがいい。

　見解の違いを認めることが出発点だ。

　人にはそれぞれのものの見方がある。誰かを批判したり、自分を見失ったりせずに、許したい部分をストレートに表明しつつ、家族生活を機能させることはできる。

　そんなことを言う人はあなただけかもしれないが、それでも可能性を口にするほうが、メールや電話での陰口や、裏工作という対立や不満の輪に加わるよりマシだ。

　そして、みんなの言うことが「真実」とは限らない。よくある意見の中には、まともに見えて、実はくだらないものがけっこうある。

　ウソ偽りのない本当の自分になり、何より人に優しくしてほしい。自分の「真実」が他人を悪者にしたり、おとしめたりするようなものなら、考え直してほしい。

　私としては、**どれだけ微妙で、穴があって、欠陥品に思えても、「真実」はみんなを元気にするほうがいい。**

　もっとも、自分が少し反抗的すぎると思うなら、文句の数を減らしたほうがいいだろうし、二人で過ごす時間がなかなかつくれないなら、何か解決策を見つけるべきだ。

そして**解決策は、今までの自分から脱却し、今までとは違う方法で相手に接することから生まれる。**

　しばらく口を閉じ、相手の話に耳を傾けるべきなのはあなたかもしれないし、その逆かもしれない。
　逆に自分を曲げ、恨み言を言い、被害者ぶってばかりなら、もう少し前向きになる必要があるだろう。
　被害者面をしたり、誰かのせいにしたりせず、自分を表現する方法はある。そのことはあなた自身がよくわかっているはずだ。

　相手と過ごす時間を増やすという方法は、たいてい抜群の効果を発揮する。そうやって相手とつながる努力をし、向こうの世界へ足を踏み入れて、相手の人生の旅路の助手席に少しのあいだ腰を下ろそう。

　人間は思うほど不愉快な生き物じゃない。自分が理解できないからといって、ほかの人にも理解不能な人間とは限らない。
　相手に変人のレッテルを貼り、悪いところをあげつらうのは簡単だが、結局あなたは、その人とつながれないことが不満だからそうしているのだ。
　それを正したいなら、自分が変わらないといけない。

勇気を出して、ここに宣言しよう。

〇〇〇〇（相手の名前）のありのままの姿を受け入れ、その振る舞いを許したことを示すために、自分は次のことをするべきだ。

**自分の人生の主役になり、その人との関係を
なんとかするために、自分は次のことをするべきだ。**

さあ、今こそ足を踏み出し、関係の輪を広げ、自分に対して約束をするタイミングだ。

自分主体でその人との関係を改善したいなら、約束を具体的に記し、そのとおりに行動しよう!

自分に約束しよう

その人との関係を、どのようにしたいか。

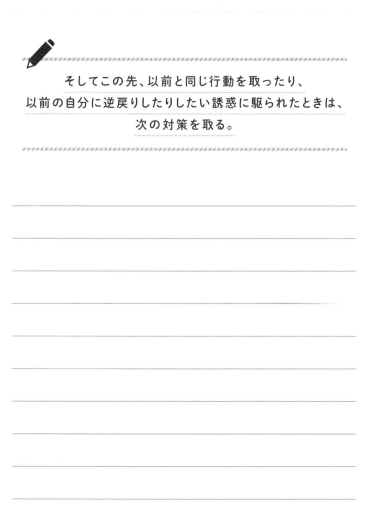

そしてこの先、以前と同じ行動を取ったり、
以前の自分に逆戻りしたりしたい誘惑に駆られたときは、
次の対策を取る。

ここまでこなしてきて、自分の人間関係について驚くような事実は見つかっただろうか？

　その相手と目を合わせるなんて無理だとずっと思っていたけれど、実はそんなことはなかったと気づきはしなかっただろうか？

　人は、一人では生きられない。これは重要な真理だ。

　今こそ、思いどおりの人間関係を築けるかは自分次第で、それこそがあるべき自分になるための出発点であり、ゴールだという考え方を頭に叩き込もう。

　そうすれば、もしかしたらぐっと自分を抑え、ずっと避けていた相手にも電話をかけられるかもしれない。

　そう、あなたは変われる。

この章で学んだことをまとめてみよう。

第4章

PROJECT3

本当の「目的」

あなたの内側に
「目的」を見つけよう

> 人生で大きな成功を収めた人たちは、壁を乗り越えたからこそ、
> その地位を手に入れられたのだ。
> ──『あなたはあなたが使っている言葉でできている』P. 139

　最近では、「目的」に関するくだらない投稿がSNSにあふれているようだ。

　私たちのもとには日々、こうすれば目的が見つかることを約束しますよ、これが万病に効く薬ですよと、さまざまなアイデアが流れてくる。こうした現代のインチキ薬の売り込みは、かなりボロい商売みたいだ。

　このコースを受講すれば、このアカウントをフォローすれば、このメールマガジンを購読すれば、このワークショップをこなせば、このコミュニティーに参加すれば、月額29ドル、もしくは1回限り499ドルで、スマートな人たちだけが持っている垂涎の何かを手に入れるコツと秘訣がつかめます……。

　まるで自分の生きる目的が、世界のどこか遠いところで待っているかのような言い方だ。

　タイのビーチへ超イケてる目的探しの旅に、大好きな雑誌への記事執筆に、動物と一緒に瞑想している姿のインスタグラムへの投稿。

　まったく、それがいったい、なんだっていうんだろう？

目的、目的、目的。人間には目的が必要だ。

目的が見つかってはじめて、人生は完璧で充実したものになるとよくいわれる。

目的が見つかりさえすれば、一瞬一瞬を愛せるようになり、人生は感謝と生きている実感で満たされ、日々は陽光と虹に彩られたユニコーンの暮らす場所に変わる。

目的が見つからなかったら、意味のある人生は1日だって送れない。

……へえぇ。

そこに大きな落とし穴がある。**目的を「探す」ことに必死になると、徒労感ばかりが募る**のだ。

考えてもみてほしい。あなたはなくした鍵や携帯電話、あるいは見逃しやすい標識、もちろん愛を探しているときも、クリスマスツリーのように輝けるだろうか。

期待感や、目的という名の活力が体内に満ちるのを感じられるだろうか。

違うはずだ。

何かを探している人は、たいてい焦ったり、イライラしたり、不安になったりといったネガティブな経験をしている。

手元にないものは絶対に見つけないといけない、見つけられなかったらひどいことになるという思い込みがそうさせる。

そうやって、多くの人が「目的狂想曲」に踊らされているのだ。

「目的探し」の罠

　目的探しは、本来は内面的な問題なのに、外面的な答えを探す人が増えている。

　幸せが手に入らない。満たされない。
　それはわかる。だけど、その答えが外側にあると考える人が多いのはなんでなんだろう。

　私が今SNSで見ている、がらくたに囲まれているように見える人たちによれば、彼らは履き古した靴やカクテルシュリンプの尻尾を宝石につくり変えるという目的を「見つけ」、心の平穏のみならず収入も手に入れたそうだ。

　こうした目的探しは、野生の雁を撃ちに行くようなものだ。あるいは『インディ・ジョーンズ』よろしく、僻地のジャングルで崖をよじ登り、罠の仕掛けられた古代の寺院を探索して自分の目的という奇跡の聖杯にたどり着くようなものだといってもいい。
　そこには、目的は唯一無二のものなんだから探しに行かないと、という強迫観念すらある。
　そして、探索者が見つけた聖杯に疲れた目を向ければ、すぐさま天啓が訪れる。暗がりから、まぶしい日の光の下へ足を踏み出し、興奮に震える手でゆっくりと聖なる金の台座から「目的」を取り上げると、天使が歌い出して心は恍惚感で満たされ、銀行口座にはすぐさまお金が振り込まれる。
　あなたは聖杯を持つ唯一の人物で、ほかの連中は地獄に落ち

ても仕方がない。

　それからは、オーストラリアの奥地でコアラの赤ちゃんとたわむれ、何百万というYouTubeの視聴者に向けてアコースティックギターのコレクションをつま弾く日々のはじまりだ。

　こんなすばらしいコースに申し込まなかったバカな連中は、狭苦しい家で後悔させておけばいい。

　……このように、**「目的」は常に、今の自分が持っていないまったく別のもの、完全に規格外の何かとして描かれる。**

　目的は家の近所や、つまらない仕事をしている中で見つかることはない。目的探しのプロについていかなかったら絶対に見つからない。そんなふうに思われている。

　ここまで言えば、もうじゅうぶんだろう。

　そう、今言ったことは全部でたらめだ。

　それでも、どこかで誰かが「目的」を使って、人々を動かす方法を思いついたのをきっかけに、この複雑で過酷な世界を生き抜くための甘ったるい攻略法として、「目的探し」が流行しているのは間違いない。

　では、本当にすべきことはなんだろう。

　アリゾナの砂漠で瞑想したり、グレートバリアリーフでダイビングをしたりすることが、目的ある人生を送るための神聖な答えじゃないんだとしたら、目的とはいったいなんなのだろうか。

　それをこれから考えてみよう。

あなたにとって「目的」とは？

　目的について掘り下げる前に、まずは目的という言葉の意味をはっきりさせておくべきだろう。辞書にはこうある。

> 目的とは、なんらかの行動を起こすか、何かをつくり出す、もしくは何かが存在する理由である。

　なるほど……何か（たとえばあなた）が存在する理由。

　もっと正確に言うなら、あなたがただ存在して、生存しているだけでなく、本当の意味で人生を生きるための刺激的で説得力ある理由といったところだろうか。

　その人に力を与え、力強く、自分主体で生きていくために必要なもの。生き生きとした人生を送るのに必要な、あらがいがたい文脈。

　私はよく、**「目的」とは意図的に生きるためのもの**だといっている。

　本当の意味での目的のある人生とは、いったいどんなものだろう。目的があると、性格や行動はどう変わるのだろうか。

　手はじめに、自分の人生の中で、方向性や充実感、活力に欠けていると感じる部分、あるいは手詰まり感を抱いている部分をリストアップしてみよう。特に、時間を無駄にしている、空回りしていると感じる部分に、注目してほしい。

　仕事やお金、恋愛などすべてを網羅し、こうなりたいという理想ではなく、今の自分の現状を書くことを忘れないように。

具体的に、生きていて何か物足りないと思う
部分はどこだろうか。

※一般論ではなく、具体的に書くことを意識しよう。

人生で停滞しているもののうち、特に自分に大きく
悪影響がある部分を3つ書き出そう。

それぞれなぜそういう状態なのか、思いつく理由を挙げてみよう。

①

②

③

そのうまくいっていない3つの部分が、
具体的にどういう状態かを考えよう。

朝起きてその現実に直面したとき、何を感じるか。

日常生活にどんな重みや影響をもたらしているか。

そのせいで人生の幅がどう狭まっているか。

その部分がうまくいっていないせいで、
あなたはどんな犠牲を強いられているだろうか。

どんな代償があるだろうか。考えてみてほしい。

うまくいっていないことを放置すると
人生はどうなると思うだろうか?

希望や幻想を捨て、そのままの状態が続くことを認めたとしたら、2年、3年、5年後に自分の人生はどうなっているだろうか。

　改めて書き出せば、そこを変えていかなくちゃならないことは明らかなはずだ。

　そうしたら、今度はリストアップした人生の物足りない部分から、活力を吹き込みたいと思うものを1つ取り上げよう。

　なんとしても目的を手に入れたいのは、人生の

の部分だ。

目的を持って、生きよう

　おわかりのとおり、ここでは強い意思を持って改善したい具体的な課題に取り組むことがポイントになる。

　今の自動操縦モードを解除し、自分の意思で物事を進めると誓うこと。

　潜在能力をフル活用して違いを生み出そうとすること。

　どうしようもない部分をもうこれ以上ほったらかしにしないこと。

　現状から脱却し、自分にとって本当に大事なものを守ろうとすること。

　何をするにしても、なんらかの意図を持って行動すること。

　目的を持って生きること。

　……目的を持って生きている人の中でも、私が一番好きで、一番参考にしている人物を紹介しよう。

　それは、私の妻だ。

　長男が7歳か8歳のころ、私は出張で家を空けることが多く、息子の世話は妻がすべてやってくれていた。何もかも任せきりだった。

　公共料金の支払いや洗濯、掃除といった家事の数々を別にしても、息子はサッカーとテコンドーに通っていたし、ほかにも学校や誕生日パーティー、宿題、クラブの練習、医者や歯医者の予約等々があって、妻は毎週、毎月、365日間休みなくあち

らこちらへ息子の送り迎えをしつつ、服やご飯を用意し、交通渋滞を避け、先生やコーチ、チームメートと交流し、天気に気を配り、息子の写真を撮ってやらなければならなかった。

しかも当時はもう1人、小さな赤ちゃんもいたのだ。

私はいつも、そうしたあれこれを軽々と優雅にこなす妻に驚嘆していた。

もちろん、世界各地のほとんどの母親がやっていることではあるのだが、子どもの世話と家事の両立は大変で、日々多くの母親が燃え尽きたり、投げ出したり、精神的に追い詰められたりしている。

私は、妻がそこまでがんばれる秘訣をどうしても知りたいと思った。

目 的 は 自 分 の 力 で 生 み 出 せ る

だから直接訊いた。すると教えてくれた。

「これよ」と妻は言って、何気ない感じでカレンダーアプリを立ち上げた携帯電話を渡してきた。

喜び勇んで、画面を眺めると、そこには予定の山がきっちり整理して記入されている。それを見た私は、すぐにこれが答えだと思った。妻は物事が整理できている。

するとこう言われた。

「バカね。違うわよ。それくらい、みんなやってる。予定を1つ開いてみて」

開いてみた。するとそこでは、妻が生き生きとしている理由がこちらを見つめ返していた。そこに彼女の目的があった。

そこにはこうあった。

・サッカーの練習　午後５時半〜６時半

ごく当たり前のことだって？
しかしその下で、妻は大きく、誇らし気にこう宣言していた。
「人間を生み出す」と。

なんてこった。こういうことだったのか。妻は本気で人間を生み出そうとしていた。息子という人間を。
その言葉は、猛スピードの列車みたいに私を打ちすえた。こみあげるものを感じる気がした。妻が自分で考えた約束と、目的の明快さに胸を打たれた。感情が高ぶり、目に涙があふれた。

これがそうだったのか。これがすべての答えだったのか。
息子を送り迎えし、なだめ、諭し、カレンダーをこまめに更新し、息子の涙を拭き、八面六臂の活躍を見せる強い母親になったのは、人間を育てることへの熱意があったからなのか。

妻は決して特別な人間じゃない。
ときには張り詰めていた糸が切れ、いっぱいいっぱいになり、ストレスでほかの人と同じ自動操縦モードへ戻ることもある。
それでも妻は、学校に遅刻し、高速の料金所で小銭が見つからなくて慌てるたび、目的、つまりは生きる意味を思い出す。

妻は人間を生み出している。

それが妻のすべてだから、片時も休まず、自分の生きる理由に全力で邁進している。

それが、あらゆる行動の土台になっている。ベッドから体を起こし、一日をはじめる力になっている。

しかも妻がこの目的を定めたのは息子が生まれたあとのことだった。

彼女はそこで改めて自分にはっぱをかけ、人生のハードルを上げることにした。

宇宙か何かのどこかから授けられた、聖なる天啓なんかではもちろんない。妻はその目的を、まさしく自分の力でひねり出したのだ。

しばらくたった今も、妻はその目的のために生きている。

そこから刺激をもらい、壁が立ち塞がれば意欲を燃やし、**目的こそがすべての基準**だということを思い出して、心を落ち着けている。日々そうしている。

この女性は自分の人生と、自分の役割を愛している。しかも、目的を自分の力でつくり出した。

あなたにも、きっと同じことができるはずだ。

空想から目的へ

先ほどピックアップした人生のうまくいっていない部分を眺めると、そこには大きな穴が開いているのがわかるはずだ。

目的がなければ、行動の基準も定まらない。

刺激や活力、誰もが陥りやすい自動操縦モードから這い出る力が足りていない。

それはなぜか。あなたが何も生み出していないからだ。

ほとんどの人は、インスピレーションは内から湧き上がるものではなく、降りてくるものだと思っているが、それは迷信だ。

インスピレーションは生み出し、表現するものであって、追いかけ、ヒマラヤの岩の下かどこかで見つけるものじゃない。

今のあなたは、神秘のパワーを秘めた山脈へ分け入り、突き刺すような冷たく乾いた空気の中で、満たされない人生に欠けている儚い何かを探し出せば、優雅で満ち足りた日々を送れると思っているかもしれない。

しかし、**インスピレーションと目的はどちらも自分の中から生じる。**

私? 私のあらゆる行動を貫く目的は、人々に違いをもたらすことだ。

子どもたちと出かけ、ご近所さんと会ったときも、それを目

指している。

　誰かと話すときは、その人の一日になんとか違いをもたらそうとしている。違いは、優しい一言や手助けのこともあれば、ちょっとしたアイコンタクトや笑顔の場合もある。

　その目的に人生を捧げ、私がそういう人間であることを愛しているのだ。

　そういう理由があるから、この本を書いているともいえる。

　あなたの生きる目的はなんだろうか。私のようなシンプルなものでいい。

　先ほどピックアップした部分に命を吹き込むものはなんだろうか。

　ちなみに、大きな目標ほど達成のハードルは高くなりがちだが、**周囲に大きな影響を与える目的ほど自分の力になりやすい**。

　さあ、自分の中にある「目的」を見つけるときだ。

人生のうまくいっていない部分を変えるために、
自分にできることはなんだろうか。

「できること」が人生の目的になった場合、
自分はどう変わるべきだろうか。

新しい行動や別の対応など、以前とは大きく変えるべきことは何
かだ。やらないことではなく、やることに集中するのを忘れずに。

その目的を人生のほかの部分にも広げていく場合、
一番影響を受けそうな部分と、その理由はなんだろうか。

その目的に真摯に取り組んだ場合、自分がこれまで
体験したことのない、どんな自分になれると思うだろうか。

目的達成に立ちはだかる、油断ならない障害
（自分をダメにする、もしくは悪い影響を
与えている習慣）はなんだろうか。

そうしたラクなほうへ流れたい衝動に駆られたとき、
どう対策すれば、目的からそれずに済むだろうか。

自分に約束をしよう。

　今回、新しく宣言した目的が自分のすべてを形づくることを理解したうえで、私は、

　　　　　　　　　　　　　　　　　　　することを約束する。

　今後、以前の習慣に逆戻りしたい誘惑が襲ってきた際は、

　　　　　　　　　　　　　　　　　　　することを約束する。

あなたはどんな人生を
望んでいる?

　古代ローマ時代の哲学者ルキウス・アンナエウス・セネカの
言葉に、こんなものがある。

> 人間にとって最大の祝福は、自らの内と、手の届く場所にある。
> 聡明な人間は、中身がどうであれ自身の取り分に満足し、持たな
> いものを追い求めない。
>
> ──ルキウス・アンナエウス・セネカ

　この言葉は、成長を志してはいけないという意味じゃない
し、仕事を変えたり、別の国へ引っ越したり、新しい情熱の対
象に挑戦したりといった大きな変化を起こしちゃいけないとい
う意味でもない。

　セネカが言いたいのは、**自分の中にある決まったパターン
は、状況よりも考え方や行動の影響を受けやすい**ということ
だ。

　大事なのは常に目的であり、人生の意味だ。

　そのことを頭に入れながら、いよいよ、目的を持って生きら
れたら人生がどんなふうになるかを考えてみよう。

まずは仕事や商売で目的を持てたら、
どんなふうに生きられるだろうか。

はっきりと意図を持って生きられるようになり、インスピレーションや明快さが得られるようになったら、あなたは今までよりも長く働きたいだろうか。それとも仕事の時間を減らしたいだろうか。今までと同じくらい集中して仕事に力を注げるだろうか。それとも目的が見つかったことで、興味の対象が変わるだろうか。

目的を持って生きるようになったら、
日々をどう変えたいか考えよう。

空いた時間はどう過ごしたいだろうか。仕事にどれだけ誇りを持てるようになり、上司やクライアント、同僚とのコミュニケーションはどう改善できるだろうか。人生の「凡庸」に見える部分にどう活力を吹き込めるだろうか。

あなたの日常生活についても考えてみよう。

対人関係に強い意図を持って臨めるようになったら、恋人や親密な人との関係はどう変わるだろうか。両親や子ども、友人と一緒に過ごす時間は増えるだろうか、減るだろうか。

趣味についても考えてみよう。

もう一度、自分の頭の中にあるルーティン的な思考をなぞり、目的が変わったら人生がどう変わるかを想像しよう。

今は空き時間をどう使っているか。もっと目的意識を持って生きられるようになったら、それがどう変わるか。趣味に費やす時間が増えることもあるだろうし、意図のある人生にあまり貢献していないと判断して、趣味の時間を減らすこともあるだろう。

自分の目的に責任を持つ

すべては心の持ちようで決まる。

あなたには、目的のある人生を歩む能力がすでに備わっている。必要なのは、考え方をちょっぴり変えることだけだ。

日々の細々した心配事を超えた大きな目的を生み出すと、呼びかける声が聞こえてくる気がする。

どんな声か。それはもっと大胆になろう、もっと周囲に影響を及ぼせる人になろう、もっと積極性や決断力、愛情、勤勉さを持とうという声だ。

行動に目的が伴うと、自分の人生の当事者になろうという意識が増す。もともとの心配事の枠を超えて、もっと遠くへ手を伸ばすことへの義務感が生じる。

ここで、この言葉をあなたに贈ろう。

> 人生の真なる喜びは、強力なものと自覚している目的にそって生きることにある。自然の力となり、世界が自分を幸せにしてくれないと不満を垂れてばかりの病的で自分勝手な小人物から脱却することにある。
>
> ——ジョージ・バーナード・ショー

いろいろな意味で、この言葉がすべてを物語っている。

目的は、自分の内から生じる産物であり気概だ。

あなたはそれを自分自身に示し、大多数の人のように無意識の発言や行動へ立ち戻ってしまいそうなときは、自分に言い聞かせないといけない。

人間は、自分の目的に対して責任を持つ必要がある。

ほかの人が自分を救い、引き上げ、刺激してくれることに期待しちゃいけない。

つらくても自分でやらないといけない。

あなたなら、絶対できる。

この章で学んだことをまとめてみよう。

第 **5** 章

7つの課題

あなたは今すぐ変われる

私は、あなたが人生を変えられると信じている。

しかし同時に、それがものすごく大変なのもよくわかっている。

大切なのは、**戦う相手への理解が深まるほど、敵を認識し、乗り越えるための力が湧いてくる**ことだ。

現実や、つらい失意、自分を傷つけがちな性格と戦う準備をしてほしい。勝負の瞬間に自分としっかり向き合う自覚と覚悟を持ってほしい。

悲惨な現状に頭が混乱し、途方に暮れている人もいるだろう。希望が見い出せない人もいるかもしれない。

酒の飲みすぎ、薬の飲みすぎ、セックスのしすぎ、ウソのつきすぎ、浪費のしすぎ、傷つけすぎ、などの人もいるだろう。

けれど問題がなんであれ、私はあなたに、人生は変えられる、それも今すぐ変えられると知ってもらいたい。

今この瞬間にもだ。

そのため、この章では人生を変える7つの課題を紹介したい。

取り組む順番は好きに決めてもらって構わないが、課題はそれぞれ私の前作『あなたはあなたが使っている言葉でできている』の第2〜8章に対応しているので、その順番で示していく。

それぞれの課題に取り組む前に、『あなたはあなたが使っている言葉でできている』を読んでみるのもいいだろう。

それぞれの課題は、向き合ってもらいたい「言葉」がベースになっている。大切なのは、それらのような積極的な言葉は自分のダメな部分にメスを入れ、はっぱをかける力を持っているということだ。

　課題に関しては、1日1つずつ、こなすことをお勧めするが、場合によっては1週間、1ヵ月、あるいはそれ以上かけても構わない。
　自分に合ったペースで進めてほしい。もちろん、最初はスムーズにいかないだろう。
　それでも、どれだけ勢いをもって課題に取り組めるかで、人生に大きな、長続きする変化を力強くもたらせるかが決まってくる。

　その勢いは、あなたの内から生じるものでなければならない。そうしたエネルギーと強い決意を持って課題に取り組めば、別の世界が開ける。
　できなかったら……どうなるかは今までのあなたの人生が物語っているはずだ。

①「私には意志がある」

あなたは、自分が今の人生にがまんしていることに気づいているはず。それなら、これから言うことを実践してみよう。

まずは、今すぐカレンダーを見て適当な日を選び、今まで自分になかった自主性を発揮し、もうがまんしない姿勢を表明する日に設定しよう。

そして、その日は一日中起きているあいだずっと、それを実践する。妥協せず、人生のすべて（人間関係、健康、家計、仕事、整理整頓、やりかけのことなど頭に浮かんだものならなんでも）に、自発的な意志を持って取り組もう。

そうすることで、大切なものが見つかる。

結局のところ、**人生は意志を持って生きているかがすべて**で、それによって生きている実感を得られるか、そうでないかが決まるのだ。

この課題をこなす中で、自分自身について
わかったことをまとめてみよう。

②「私は勝つに決まっている」

　人生のすべてが勝利だと考えてみよう。

　負けているように思えるときでも、自動的に勝利だと捉え直そう。

　そうした強烈な勝ち癖を持っているあなたが、自分で選んだ課題に集中して取り組んだなら、きっとものすごいことが達成できるはずだ。

　人生で負けていると感じる部分を選び、「自分は実は勝っているんじゃないか？」という視点でじっくり考え、何に勝っているかの答えを探ってみよう。

　今の生き方を続けることで、あなたは何を証明しようとしているのか。今の状況を誰のせいにして、人生のどんな方向性を避けようとしているのかを確認しよう。

　そうやって、自分が何に勝っているのかがはっきりしたら、今度はその勝ち癖を、人生の別の、どの部分へ持ち込みたいかを考えてみよう。

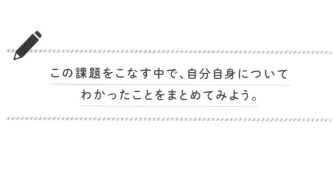

この課題をこなす中で、自分自身について
わかったことをまとめてみよう。

③「私にはできる!」

　私たちはよく、人生は自分の手に負えない、自分の力では厳しい壁は乗り越えられないと、自分をだましながら生きている。

　ところが、これまでの人生を振り返ってみると、自分がいくつもの難しい場面で勝利を収めてきたことがわかる。

　どれだけ厳しかろうと、あなたなら当時も、今も、そしてこの先もできるはずだ。

　自分が積極的に避けたり、やるのを拒んだりしていることに挑もう。

　未払いの税金でも、延滞し続けているクレジットカードの支払いでも、クローゼットや部屋の掃除でもいい。

　メールの受信箱を整理するか、要らないものを売るのはどうだろう。そうしたものに取りかかって終わらせてしまおう。

　ちょっと待ったり、ためらったりはナシ。すぐ手がけよう。

　そうやって**自分自身に対して、人生の雑事を力強く処理できる力があることを証明するのだ。**

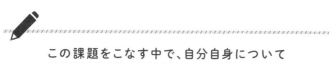

この課題をこなす中で、自分自身について
わかったことをまとめてみよう。

④「先がわからないから おもしろい」

　人間は、確実なものが大好きだ。

　問題は、それがはるか昔から受け継がれてきた迷信にすぎず、確実なものなんてどこにもないことだ。

　人生で成功を収めるには、この不確実な世界を受け入れ、望みの人生を手に入れるために戦う必要がある。

　この課題をこなすと、人生の軌道が180度変わる可能性がある。

　ずっと眠らせていた夢や情熱の対象、目標、言い換えるなら、心の奥底にずっと引っかかっていて、時々思い出しはするけれど、そのたびに抑え込み、眠らせていたものに命を吹き込む作業だ。

　その夢に名前をつけよう。じっくり掘り下げ、実現するための作戦を考えよう。

　条件をつけたり、取り組まない言い訳を考えたり、先延ばしにしたりはダメ。今度こそ、自分自身の目を覚ますべきときがきたのだ。

　私には、あなたを救えない。あなたを救えるのはあなた自身しかいない。夢に向かいはじめるのも、やらないのも自由だから、私にはこう言うことしかできない。

　先のまったく読めない状況に踏み出し、とにかくやろう。

この課題をこなす中で、自分自身について
わかったことをまとめてみよう。

⑤「自分は思考ではなくて 行動だ」

　ほとんどの人は、頭の中で起こっていることを重要視しすぎている。そしてそのせいで、自己不信や恐怖、不安、古い迷信にとらわれている。

　しかし、**人生は行動しない限り変わらない。それが真理だ。**
　変化を起こしたいなら、今までと別のことをやるしかない。
人間の本質は思考ではなく、行動にあるのだ！

　この課題は、きっとやってみると、すごく楽しいものになるはずだ。
　まずは一日を費やして、自分が今まであまりやってこなかったことに挑戦してみよう。

　あのレストランに入ってみる、この服を着てみる、あのテーマについて話をしてみる、誰かとハグをする、旧友に連絡を取る、あのチケットを予約する、あの仕事に応募してみる……具体的なものは自分で思いつくはずだ。

　そして一日が終わるころには、少なくとも今まで絶対にやらなかったことを4つはこなしているはず。
　頭の中に毎日響く雑音を振り払い、行動しよう！

この課題をこなす中で、自分自身について
わかったことをまとめてみよう。

⑥「私はがむしゃらになる」

熱意や興奮、意欲が高まっているときに、人生に向き合うのは簡単だ。

しかし、そうしたものが尽きた場合はどうすればいいのか？

がむしゃらになればいい。

がむしゃらさは、人間なら誰もが活用できる自然の力だ。

今回の課題は、「意識づけ」だ。

まず、日常生活のさまざまなマンネリ化している部分への理解を深め、自分が心の中に聖域となる「安全圏」をつくり出し、その中で生きていると認識しよう。

そこを抜け出して、もっと質の高いことをできるようになったら、人生はどう変わると思うだろうか。

それを、時間をかけて書き出そう。

安全圏の外での生活が当たり前になったら、どんな人生が送れるかを考え、言葉にしてみよう。

この課題をこなす中で、自分自身について
わかったことをまとめてみよう。

⑦「私は何も期待せず、 すべてを受け入れる」

　私たちの人生は、期待という名のプレッシャーに常にさらされているうちに、明快さを失って混沌としていく。

　しかし、困ったことに、一番いけないのが自分に対する期待だと気づいている人は少ない。

　本当の自由とパワーは、期待という名の毒を自分に盛るのをやめたときに手に入る。

　この課題は、7日間かけてこなしていってほしい。

　まずは、携帯電話のリマインダー機能を使って、お昼の12時と夕方6時の1日2回、今回の言葉を思い出すようにしよう。

　リマインダーが表示されたら、そのときやっていることに、この言葉に基づく視点で取り組もう。

　自分に向かって「私は何も期待せず、すべてを受け入れる」と言い聞かせよう。

　これは、本当の心の平穏を手に入れるチャンスだ。

　不安や心配、怒り、いろいろな物事に対する苛立ちを感じている人にとって、この言葉は受け入れられない物事や、どうしても自分に期待してしまう部分を見極めるフィルターになる。

　人生を変えたいなら、まずは現状を受け入れないといけない。

この課題をこなす中で、自分自身について
わかったことをまとめてみよう。

おわりに

また すぐに 会おう

これはあなたの人生だ。

ここで、今すぐに、あなたは選ばなくてはならない。

どうしようもないものをほったらかしにする日々を死ぬまで続けるか、それとも本気で人生を変える道へ踏み出すか。

折衷案はない。片方か、もう一方かだ。

「生」という自らの経験に対して責任を持とう。

どうしようもないほど惨めなら、それを背負おう。

自分の現状と、行く末に対する当事者意識を持とう。

抜け出す方法が見つからない?

なら生み出そう。今すぐに。

自分の人生の一番不満がある部分に目を向けて、変わることを宣言しよう。そしてやろう。

ハードルが高すぎる? それでもやろう。

難しすぎる? やろう。

複雑すぎる? やろう。

何かしよう。なんでもいい。ほんの小さな変化でもいいのだ。

変化は、行動を変えはじめたときに起こる。

　世界的な偉業はどれも、最初は小さな行動からはじまった。それが別の行動に次ぐ行動を呼び込む。

　ほとんどのことは、人としてどうやりきるかの問題でしかない。

　話しているだけでは「行き詰まる」。それがすべてだ。

　あなたと、あなたにまつわるすべてが、会話という心地よくてたまらない領域にとどまっている限り、あなたは木を見て森を見ない状態から抜け出せない。

　あなたは思考じゃない。固定化したものじゃないし、体内組織に押し込められてもいなければ、プラズマの分子にとらわれてもいない。

　あなたはつま先や、髪の毛や、目の玉じゃない。何より、あなたはあなたの過去じゃない。

　頭の中であなたを悩ませる中学時代の自分や、父親や、ご近所さんじゃない。

　あなたはあなたの個性や、最悪な習慣や、ふくよかなお尻じゃない。屈辱や、恥や、罪悪感や、怒りや、信仰じゃない。そんなものなんかじゃ絶対にない。

　人間は考えずにはいられない生き物だが、あなたは思考じゃない。人間には必ず体があるが、あなたは体じゃない。

過去をなかったことにはできないが、あなたは過去じゃない。あなたには、生き生きとした人生を送るのに必要なすばらしいリソースが豊富にある。

　それなのに、ほんのいくつかの不満や悪習にいつまでもとらわれ、ある日ふと振り返ると、どうしようもない日々が何日も、何週間も、何ヵ月も、何年も積み重なっていて、人生を本当に思い出深いものにするためのリソースがちょっとしか残っていない。

　そんな状況まで待つのは無駄の極致としかいいようがない。

　あなたは人生という現象が起こる宇宙だ。奇跡と、困難と、そのあいだのすべてが詰まった荒々しく驚異的な場だ。

　あなたは瞬間だ。時間の中で炸裂し、徐々に小さくなってやがては虚空へ消えていく巨大な破裂音だ。

　もう一度言おう。あなたはとんでもなく奇跡的な存在なのだから、**今こそ、それにふさわしい行動をはじめるときだ。取りかかろう。**

　それでは、またお会いしましょう。

MEMO

Do the Work
行動を起こしたい人のための人生を変えるワークブック

発行日　2020年10月25日　第1刷

Author	ゲイリー・ジョン・ビショップ
Transrator	高崎拓哉

Book Designer	山之口正和（OKIKATA）

Publication	株式会社ディスカヴァー・トゥエンティワン
	〒102-0093　東京都千代田区平河町2-16-1 平河町森タワー11F
	TEL　03-3237-8321(代表)　FAX　03-3237-8323
	https://www.d21.co.jp

Publisher	谷口奈緒美
Editor	藤田浩芳　谷中卓

Publishing Company

蛯原昇　梅本翔太　千葉正幸　原典宏　古矢薫　佐藤昌幸　青木翔平　大竹朝子
小木曽礼丈　小山怜那　川島理　川本寛子　越野志絵良　佐竹祐哉　佐藤淳基
志摩麻衣　竹内大貴　滝口景太郎　直林実咲　野村美空　橋本莉奈　廣内悠理
三角真穂　宮田有利子　渡辺基志　井澤徳子　小田孝文　藤井かおり
藤井多穂子　町田加奈子

Digital Commerce Company

谷口奈緒美　飯田智樹　大山聡子　安永智洋　岡本典子　早水真吾　三輪真也
磯部隆　伊東佑真　王廳　倉田華　榊原僚　佐々木玲奈　佐藤サラ圭　庄司知世
杉田彰子　高橋雛乃　辰巳佳衣　中島俊平　西川なつか　野崎竜海　野中保奈美
林拓馬　林秀樹　牧野類　三谷祐一　元木優子　安永姫菜　青木涼馬
小石亜季　副島杏南　中澤泰宏　羽地夕夏　八木眸

Business Solution Company

蛯原昇　志摩晃司　野村美紀　南健一

Business Platform Group

大星多聞　小関勝則　堀部直人　小田木もも　斎藤悠人　山中麻吏　伊藤香
葛目美枝子　鈴木洋子　福田章平

Corporate Design Group

松原史与志　岡村浩明　井筒浩　井上竜之介　奥田千晶　田中亜紀　福永友紀
山田諭志　池田望　石橋佐知子　石光まゆ子　齋藤朋子　俵敬子　丸山香織
宮崎陽子

翻訳協力	株式会社トランネット（www.trannet.co.jp）
Proofreader	文字工房燦光
DTP	株式会社RUHIA
Printing	日経印刷株式会社

ISBN978-4-7993-2682-4
©Discover21,Inc., 2020, Printed in Japan.